20 Tipps zur schnellen Stressreduktion und Selbstkontrolle

Tipps zur schnellen Stressreduktion mit Kindern im Alter von 0 bis 3 Jahren

Stressreduktion für Kinder im Alter von 4 bis 10 Jahren

Vorwort

“Sei doch endlich still!”, haben mit an Sicherheit grenzender Wahrscheinlichkeit schon alle, die mit Kindern zu tun haben, einmal geschrien, gesagt oder gedacht und damit die eigene Überforderung zum Ausdruck gebracht.

In unserer heutigen hektischen, technisierten und schnelllebigen Welt schwinden mehr und mehr gesellschaftliche Normen und Pflichten. In allen Lebensbereichen lauert die Gefahr von maßlosen Oberflächlichkeiten. Was ist los und was bedeutet das?

Geld, Macht, Schnelllebigkeit, Ansehen und Perfektion steuern zunehmend unser Dasein. Dabei verlieren Werte wie Menschlichkeit, Muße, Ehrlichkeit, Höflichkeit, Gerechtigkeit und Respekt vor dem Nächsten, an gesellschaftlicher Bedeutung. Schnell muss alles gehen, will man doch dem Nachbarn, Kollegen oder Freund in nichts nachstehen und imponieren.

Und unsere Kinder? Na ja, Kinder gehören in einer perfekten Welt nun mal dazu und die stehen heutzutage genauso unter Stress wie wir Erwachsene. Mit eigenem Terminkalender und Handy für Aktivitäten aller Art schaffen sie es, den Tagesablauf zu meistern. Die Anspannung ist gegeben, aber wo bleibt die Entspannung, beim Spielen oder Vor-sich-hin Träumen? Keine Zeit? Oder doch? Fast - food, Handy, Fernsehen, Computer, Nintendo und Game-boy,

begleiten unsere Kinder im täglichen Leben. Hektik und Ruhelosigkeit bestimmen ihren Alltag. Viele Eltern sind mit Erziehungsfragen oftmals überfordert und Pädagogen sowie andere Bezugspersonen stehen den ständig wachsenden Anforderungen oftmals ratlos gegenüber. Müssen wir uns dann wundern, dass unsere Kinder immer anstrengender, dicker, hyperaktiver, unkonzentrierter, gewaltbereiter, kurzum unausstehlicher werden.
Genau um diese Situation geht es in diesem Buch: Stress, Überforderung, Burn-out, Informationen über Stress allgemein, Entspannungstechniken, kurze Tipps zur schnellen Stressreduktion für Erwachsene und Kinder sowie viele Einsichten für eine neue Lebensweise, die natürlich auch eine neue Sichtweite erfordert.

Viel Spaß und Entspannung

wünscht Ihnen Dr. med. Thomas Arldt

Überblick über Stress

Ständiger Zeitdruck, Müdigkeit, Genauigkeit, Kinder, Nachbarn, Überlastung, Ehrgeiz, Angst, Nervosität, Leistungsdruck, Geldnot, Krankheiten, Geräuschempfindlichkeit, Eifersucht, Gewichtsprobleme, Unsicherheit, Konzentrationsprobleme, Burn-out-Syndrom, diese Wortkette lässt sich beliebig verlängern. All diese Schlagworte bedeuten für den einen mehr und für den anderen weniger Stress.

Stress zu haben bedeutet allerdings auch Ansehen. Es macht Eindruck, wenn man sagt, du, ich habe leider keine Zeit, ich muss noch dies und das, vielleicht ein anderes Mal! Muße und Zeit zu haben in unserer heutigen, schnelllebigen, technisierten Leistungsgesellschaft ist nicht "in". Es beherrscht uns der Satz „Nur wenn wir uns anstrengen, erreichen wir etwas".

Mag ja sein, aber jeder Anspannung sollte auch eine Entspannung folgen, da sonst irgendwann der Körper Symptome zeigt und als Endresultat wir so weit angeschlagen sind, dass uns der Arzt Angina Pectoris, Herzinfarkt, vegetative Störungen, Magengeschwür etc. diagnostiziert.
Um das zu vermeiden, sollten Sie ab sofort etwas fürsichtun.Tragen Sie sich in Ihren Terminkalender ein, wann Sie anfangen wollen, und zwar jeden Tag ein paar Minuten. Holen Sie sich in diesem Buch Informationen über Stress und

viele Impulse für Ihre Entspannung. tun.Tragen Sie sich in Ihren Terminkalender ein, wann Sie anfangen wollen und zwar jeden Tag ein paar Minuten. Holen Sie sich in diesem Buch Informationen über Stress und viele Impulse für Ihre Entspannung.

Definition des Wortes Stress

Laut Lexika wird das Wort Stress wie folgt definiert: „Stress (engl.), Druck, Anspannung, Sammelbegriff für eine Vielzahl unterschiedlicher Einzelphänomene, für die ein Zustand erhöhter Aktivierung des Organismus, verbunden mit einer Steigerung des emotionalen Erregungsniveaus, kennzeichnend ist." Im neutralen Sinn bezeichnet Stress die unspezifische Anpassung des Organismus an jede Anforderung, das heißt eine Anpassungsleistung. Die meisten Definitionen verstehen Stress als einen Zustand des Organismus, bei dem als Resultat einer inneren oder äußeren Bedrohung das Wohlbefinden als gefährdet wahrgenommen wird und deshalb der Organismus alle seine Kräfte konzentriert und zur Bewältigung der Gefährdung schützend einsetzt. Stress hat es wohl zu allen Zeiten gegeben, er kann in evolutionärer Sicht als eine für die Reaktion des Organismus auf Reize und seine Anpassung an veränderte Umweltbedingungen überlebensrelevante Reaktion angesehen werden.

Sucht man nach weiteren Definitionen des Wortes Stress, so

wird man reichhaltig belohnt. In fast allen Frauenzeitschriften, Managerzeitungen, in Wellnessberatern, in Broschüren, Fortbildungsanzeigern, Krankenkassen-Faltblättern und natürlich etlichen Fachbüchern bekommt man immer neue Darstellungen. Aber fragt man Mediziner, Forscher oder Biochemiker, erhält man eine physiologische Erklärung, die entwicklungsgeschichtlich bei unseren Vorfahren, den Steinzeitmenschen, ihren Ursprung findet. Stress ist eine chemische Reaktion unseres Körpers, nämlich die Vorbereitung des Körpers auf einen muskulären Kraftakt, sei es zur Flucht oder zum Kampf.

Hans Selye (1907 – 1982) einer der bekanntesten Stressforscher, bezeichnete Stress als die unspezifische Reaktion des Körpers auf jede Anforderung, die an ihn gestellt wird. Dabei unterschied er zwei Arten von Stress, den Eustress und den Disstress.

Eustress

Eustress ist ein gesunder Stress, der uns beflügelt und uns ungeahnte Leistungen erbringen lässt. Dieser positive Stress ermöglicht, die an uns gestellten Anforderungen zu bewältigen, weil "es uns Spaß macht" oder weil wir es wollen. Also nicht jede Belastung ist schädlich. Stress hat demnach auch eine lebenserhaltende und leistungssteigernde Funktion.

Disstress

Allerdings kann dieser Stress, der nicht immer mit viel Arbeit und Leistung zu tun hat, auch schnell umschlagen in einen belastenden und gesundheitsbedrohlichen Stress, wenn wir die gestellten Anforderungen nicht mehr bewältigen können. Diese dauerhafte Belastung führt zum Dauerstress, zu einer Bedrohung oder Überforderung. Man nennt diesen ungesunden Stress auch Disstress. Der Organismus verliert seine Fähigkeit zur Selbstregulation. Sie sind angespannt, nervös und gereizt, können nicht mehr klar denken, vielleicht haben Sie auch schon körperliche Symptome. Sie haben Ihr Leben nicht mehr im Griff.

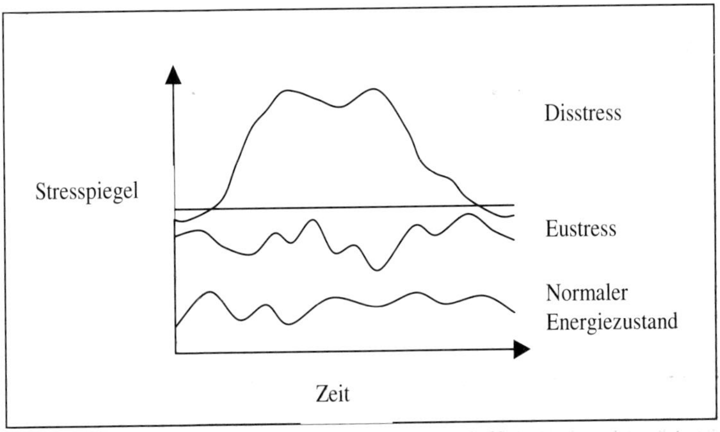

Abb. 1 Beziehung zwischen Eustress, Disstress.

Das Reptiliengehirn – Kampf oder Flucht

Kommen wir nochmals auf unsere Urahnen zurück. Damals war es elementar wichtig, Gefahr sofort zu erkennen und blitzschnell reagieren zu können, um zu überleben. Kam ein Bär (Säbelzahntiger) aus dem Gebüsch, musste man in Bruchteilen von Sekunden entscheiden: „Kämpfe ich oder laufe ich weg?" Egal, wie die Entscheidung ausfiel, musste der Körper kampf - oder fluchtbereit sein. Dabei wurden ungeheure Energiemengen im Körper freigesetzt. Dieses Reaktionsmuster hat sich bei uns bis heute nicht geändert. Bei Ärger, Angst, Überlastung, Müdigkeit und Leistungsdruck reichen schon oftmals kleine Anlässe (Signale) aus, um unseren Körper in Kampf- oder Fluchtbereitschaft zu setzen. Jedoch lassen unsere gesellschaftlichen Normen keine körperliche Auseinandersetzung zu.

Was geschieht in unserem Körper, wenn er sich im Rahmen einer Stressreaktion kampf - oder fluchtbereit macht?

Über unsere Sinnesorgane (Augen, Ohren, Nase) nehmen wir Informationen auf. Sie werden in unserem Gehirn gefiltert und bewertet. Das Limbische System ist der Teil unseres Gehirns, der über Gefühle wie Angst, Zorn oder Panik entscheidet. Über Botenstoffe im Blut und Nervenbahnen im Körper wird die Information „Stress" an unsere Nebenniere weitergeleitet. Hier werden die Stresshormone Cortisol, Adrenalin und Noradrenalin in unsere Blutbahn ausgeschüttet. Hierdurch wird der Stoffwechsel aller Organe auf Energiebereitstellung umgestellt. Unsere Leber produziert Energieträger aus Fett, Eiweiß und großen Zuckermolekülen. Die Atmung ist schnell und tief, dabei wird viel Sauerstoff in unseren Körper aufgenommen. Das Herz schlägt schnell und kräftig, damit Energieträger und Sauerstoff zu den Muskeln transportiert werden können. Dadurch werden der Muskulatur ungeheure Energiemengen zum Kampf oder zur Flucht bereitgestellt.

Vegetatives Nervensystem

Nun besteht unser Leben ja nicht nur aus Kampf, Flucht und Anspannung, sondern es gibt, Gott sei Dank, Phasen der Ruhe und Regeneration. Der Wechsel zwischen Anspannung und Entspannung ist ein lebenswichtiges Prinzip aller organischen Systeme. Alle Lebewesen, angefangen von kleinen einzelligen Tieren bis hin zum Menschen, unterliegen phasenweise einem Wechsel zwischen Anspannung und Lockerung, Zusammenziehen und Lösen. Dieses grundlegende Prinzip ist so bedeutsam, dass sich beim Menschen im Laufe der Entwicklung zwei unterschiedliche Nervensysteme gebildet haben. Eines für Aktivität (Sympathikus) und eines für Passivität und Regeneration (Parasympathikus). Sympathikus und Parasympathikus fasst man zum vegetativen Nervensystem zusammen. Dieses Nervensystem versorgt alle inneren Organe wie Herz, Leber, Niere, Speicheldrüse usw. mit Informationen. Über ein Netzwerk von Nervenfasern werden die einzelnen Organe wie in einem Telefonnetzwerk miteinander verbunden. Über aktivierende (sympathische) und inaktivierende (parasympathische) „Kabel" werden Impulse zur Steuerung der Organfunktion weitergeleitet. Dieses Netzwerk aus Nervenfasern nennt man auch autonomes (selbständiges) Nervensystem, weil es den Informationsaustausch normalerweise selbständig und ohne unsere willkürliche Kontrolle oder willentlichen Einfluss regelt.

Mit bestimmten Techniken, wie zum Beispiel Autogenem Training, kann man sich jedoch in dieses autonome Netzwerk einklinken. Über unser Limbisches System, dem emotionalen Teil unseres Gehirns, gelingt es durch Imagination (bildhafte Vorstellung), einzelne Organe zu beeinflussen. Über das Gefühl der Ruhe und Schwere lässt sich z. B. die Durchblutung bestimmter Organe oder Muskelgruppen verändern.

Symptome bei Stress

Die Symptome kann man in körperliche, emotionale, kognitive, vegetative und körperlich dauerhafte Störungen unterteilen.

Akute Störungen

Körperliche Störungen:

Zittern, Spannungskopfschmerz,
Zähneknirschen usw.

Emotionale Störungen:

Gereiztheit, Wut, Versagensängste usw.

Kognitive Störungen:

Konzentrationsmängel, Leistungstief,
Lernstress usw.

Vegetative Störungen:

Schwitzen, Herzklopfen, Bluthochdruck usw.

Dauerhafte Störungen

Körperliche Störungen:

Verspanntheit, Tics, schnelle Müdigkeit usw.

Emotionale Störungen:

Angstzustände, Aggression, Depression usw.

Kognitive Störungen:

Tagträume, Leistungstiefs usw.

Vegetative Störungen:

Migräne, Magengeschwüre, Schwindel usw.

Stressanalyse

Machen Sie die nachfolgende Stressanalyse ganz gewissenhaft. Nehmen Sie sich dafür unbedingt Zeit. Denn wenn Sie genau wissen, was Ihnen Stress macht, dann haben Sie den ersten Schritt zur Stressreduktion erledigt. Machen Sie nicht andere Menschen oder Situationen für Ihren Stress verantwortlich. Nein. Sie selbst sind für Ihren eigenen Stress verantwortlich, also können Sie auch selbst zu Ihrer Entspannung beitragen. Nehmen Sie sich ein kleines, leeres Heft zur Hand und analysieren Sie täglich Ihren Stress, um ihn endlich loszuwerden. Los geht's mit der ersten Frage.

1. Was bedeutet für Sie Stress?

2. Wie fühlen Sie sich dabei körperlich, emotional, kognitiv und vegetativ?

3. Sind Sie bereit, Ihre Einstellung zu ändern, um Ihren Stress zu reduzieren?

4. Welche Möglichkeiten haben Sie dazu gefunden?

5. Haben Sie nun den Mut zur Änderung?

6. Realisieren Sie nun Schritt für Schritt Ihren Stressabbau!

7. Kontrollieren Sie sich täglich, und stellen Sie Veränderungen fest, indem Sie diese notieren.

8. Unterschreiben Sie Ihre persönliche Verpflichtungserklärung, dass Sie alles tun werden, um schädlichen Stress zu vermeiden, um mehr Freude, Lebensqualität und Gesundheit zu erlangen!

Wenn Sie nach der Stressanalyse vorgehen, kann wenig schief laufen, es sei denn, Sie tun es nicht gewissenhaft. Wichtig dabei ist, auch die Reihenfolge zu beachten, weil ich zunächst den Stress im Kopf bewältigen muss. Erst dann kann ich zur eigentlichen Stressbewältigung gelangen. Es ist ein Weg, der sich lohnt. Oft sind dadurch schon viele Probleme gelöst. Aber ich sollte mir tägliche Inseln der Ruhe gönnen, um erst gar nicht mehr mit dem schädlichen Stress kämpfen zu müssen.

Entspannungstechniken

Einleitung

Entspannungstechniken zu erlernen ist eine von vielen Möglichkeiten, um mit seinem täglichen Stress fertig zu werden. Sie haben alle eine gemeinsame Grundlage, nämlich Gefühle von Wohlbefinden, Ruhe und Gelöstheit zu vermitteln. Die Entspannungsreaktion wird durch bestimmte und bei den einzelnen Verfahren auch unterschiedliche Methoden in Gang gesetzt. Der Ablauf der einzelnen Übung wird immer wieder in gleicher Form durchgeführt und der Entspannungszustand durch eine spezielle Rücknahme beendet. Allerdings wird die Entspannungsreaktion nur durch regelmäßiges Üben stabilisiert. Dann kann auch der Übende den Entspannungszustand in den verschiedensten Situationen hervorrufen. So entwickeln die Übenden mit der Zeit eine innere Ruhe, Gelassenheit, eine verbesserte Schlaf- und Erholungsfähigkeit sowie eine allgemeine Stressbewältigung. Durch das regelmäßige Üben erreicht man nicht nur, dass die Entspannungsreaktion immer zuverlässiger eintritt, sondern führt darüber hinaus zu einem Erleben von Selbststeuerung und Selbstkontrolle. Allerdings muss man wissen, dass die Wirksamkeit der Entspannungsverfahren sich erst nach einer gewissen Übungszeit entfalten kann. Diese Wirksamkeit ist wiederum bei jedem unterschiedlich. Aber zuerst sollte man sich für die richtige Technik entscheiden, um diese auch täglich mit viel Freude durchzuführen. Zunächst sollte die Entspannungstechnik immer im Kurs von einem(r) kompetenten Trainer(in) erlernt werden. Durch einen Kurs bekommt man Sicherheit, die Technik auch richtig zu können, aber auch die richtige Motivation täglich zu üben. Erst mit der Zeit verfestigt sich solch eine Entspannungstechnik. Wenn Sie es dank Ihres Durchhaltevermögens geschafft haben, sich überall und jederzeit innerhalb weniger Minuten total zu entspannen, sind sie fürs Leben gewappnet. Um herauszufinden, welche Entspannungstechnik für mich die richtige ist, sollten Sie unbedingt verschiedene Möglichkeiten testen und zunächst weiterlesen.

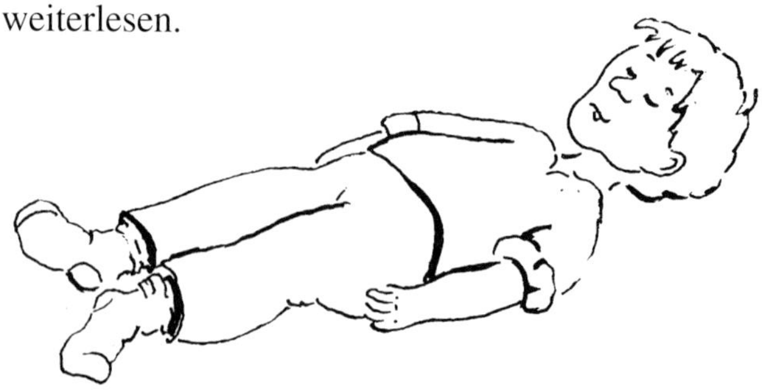

Autogenes Training

Ziel und Vorgehensweise des Autogenen Trainings sind am besten zu verstehen, wenn man seine Herkunft aus der Hypnoseforschung betrachtet. Oskar Vogt, ein Neuropathologe, vertrat um die Jahrhundertwende die Ansicht, dass Hypnose und Schlaf auf gleiche Weise gesteuert seien, nämlich durch ein arbeitendes Schlafzentrum. Hypnose war für ihn ein künstlicher Schlaf. Um dieses auch wissenschaftlich zu beweisen, arbeitete er mit Menschen und hypnotisierte sie mehrfach, dabei kamen immer gleiche Empfindungen zutage. Es waren Ruhe, Schwere und Wärmeempfindungen bei fast allen Probanden zu spüren. Dann merkte er bei seinen Versuchen, dass einige seiner Probanden in der Lage waren, sich selbst in diesen hypnotischen Zustand zu versetzen und dabei auch die Empfindung von Ruhe, Schwere, und Wärmeempfinden zu haben. Das war wohl der erste Schritt zur Autohypnose (Selbsthypnose). Diese ersten Schritte der Autohypnose begann kurze Zeit später der Neurologe und Psychiater Dr. Schultz zu erforschen. Er litt zu diesem Zeitpunkt selbst unter starkem Asthma begleitet von erheblichen Angstzuständen. Aus diesem Grunde griff er die Beobachtungen von Oskar Vogt auf.

Schultz forderte seine Probanden auf, sich ihre hypnotischen Instruktionen (die wir heute Formeln nennen) selbst zu geben, und sich währenddessen ein Gefühl der Ruhe, Schwere und Wärme vorzustellen. Diese körperlichen Erscheinungen waren eine psychovegetative Umschaltung in einen Ruhezustand, wodurch den Menschen eine Selbstregulation körperlicher Vorgänge eröffnet wurde. Von da aus war es nur noch ein kleiner Schritt, auch noch andere körperliche Funktionen "autogen" zu beeinflussen. So enstanden die 7 Formeln: "Ich bin ganz ruhig, ich bin ganz schwer, ich bin ganz warm, meine Atmung ist ganz ruhig, es atmet mich, mein Herz schlägt ruhig und gleichmäßig, mein Sonnengeflecht ist strömend warm, meine Stirn ist angenehm kühl."

Autogenes Training heißt also übersetzt, ein in sich selbst entstehendes, mentales Entspannungstraining, das durch Aufsagen der 7 Formeln auf den ganzen Körper wirkt. Eine kompetente Anleitung ist zunächst wichtig. Im Autogenen Training lernt man Selbstentspannung und macht sich dabei seine inneren Fähigkeiten der Selbstbeeinflussung zunutze. Empfindungen, die beim Autogenen Training wahrgenommen werden, können jeweils mit Vorgängen im Organismus erklärt werden, z. B. die Wärmeempfindung kommt zustande, dass sich Blutgefäße in der entsprechenden Körperregion erweitern. Der Mensch ist von Natur aus eine Ganzheit. Das Autogene Training hilft, diese Ganzheit "Mensch" wiederherzustellen. Die Verspannungen, unter denen viele leiden, beziehen sich auf den ganzen Menschen und nicht nur auf Teile. Wenn Sie sich verkrampft fühlen, sind immer mehrere Bereiche gleichzeitig betroffen, die Muskeln, der Kreislauf, Kopfschmerz, verschiedene Organe, die Nerven, das hormonelle System, das geistige und das emotionale System. Einzelne Bereiche werden jeweils in den Vordergrund treten. Bei dem einen mögen es

Schmerzen sein, die ihn an der Entspannung hindern, beim anderen läuft das Gedanken-Räderwerk immer weiter. Das Autogene Training stellt die Ganzheit von Körper, Geist und Seele wieder her.

Progressive Muskelentspannung

Die Entspannungstechnik "Progressive Muskelentspannung" wurde in den 20er Jahren in den USA entwickelt. Aufgrund von neurophysiologischen Untersuchungen konnte Jacobsen belegen, dass ein Zustand der Ruhe und Entspannung besonders deutlich und zuverlässig mit einer Abnahme des Muskeltonus einhergeht. Der Zugang zur Entspannung wird dem Übenden über die Willkürmuskulatur (also alles, was ich willentlich bewegen kann), durch Anspannungs - und Entspannungsübungen vermittelt. Die Vorgehensweise ist auf 16 Muskelgruppen festgelegt. Rechte und linke Hand, rechter und linker Unterarm, rechter und linker Oberarm, Stirn, obere Wangenpartie und Nase, untere Wangenpartie und Kiefer, Nacken und Hals, Brust, Schultern, obere Rückenpartie, Bauchmuskulatur, rechter und linker Oberschenkel, rechter und linker Unterschenkel, rechter und linker Fuß. Die Übungen können im Sitzen oder im Liegen durchgeführt werden. Für jede Muskelgruppe gilt folgender Ablauf: Auf ein Signal wird die entsprechende Muskelgruppe 5 bis 7 Sekunden angespannt, auf Signal wieder schnell gelockert. Während des Lockerns konzentriert sich der Übende 20 bis 45 Sekunden auf die jeweils angespannte Muskelgruppe. Der Erfolg stellt sich schon nach wenigen Übungen ein. Allerdings dauert eine Einheit 20 bis 25 Minuten. Bei gelungener Entspannung entstehen Körpererlebnisse, wie Kribbeln, Wärme, Leichtsein dass muss man wissen, damit man evtl. Ängsten vorbeugt. Es sind normale Körpererfahrungen. Die Wirksamkeit der Progressiven Muskelentspannung ist durch viele Studien belegt. Die Progressive Muskelentspannung gehört auch deshalb zu den häufigsten vermittelten Entspannungsverfahren, weil der Übende schneller zu einem unmittelbaren Erleben kommt als bei anderen Verfahren. Im Gegensatz zum Autogenen Training ist die Progressive Muskelentspannung eine aktive Technik.

Yoga

Yoga ist ein Wort aus der altindischen Sprache Sanskrit und bezeichnet eine alte Heilweise Indiens. Yoga ist eine Verbindung von Körper, Geist und Seele. Im Yoga erfahren wir unsere Ganzheit, nehmen Gedanken und Gefühle wahr. Den Yoga - Ursprung finden wir auf dem indischen Subkontinent vor tausenden von Jahren. Alte Männer und Frau-

en der Vorzeit beobachteten ganz einfach die Natur, ihre Umgebung und zogen daraus ihre Resultate. Sie spürten dem Geschehen in der Natur nach und versuchten Formen der Bewegung und Ruhe zu finden. Die Bewegungen und Ruhestellungen wirkten entspannend und ausgleichend. Sie entdeckten Bewegungsübungen, die die Muskeln stärkten und die die Gelenke geschmeidig erhielten. Sie fanden Übungen zur Konzentration und zur Klärung von Gefühlen. Sie entwickelten Diäten für Körper, Geist und Seele und lenkten bewusst ihren Atem. Ständig wandelten sich diese Techniken. Die verschiedensten Yogaschulen entstanden mit unterschiedlichsten Schwerpunkten, um eine Verbindung von Körper, Geist und Seele zu ziehen. Auch heute ist Yoga noch im indischen Alltag integriert. Es gehört zur Allgemeinbildung. Erst gegen Ende des letzten Jahrhunderts gelangte Yoga in den Westen.
Im Westen ist das Hatha - Yoga das verbreitetste. Hatha ist ein altindischer Sanskritbegriff und wird mit HA = Sonne und THA = Mond übersetzt. Dies soll die Verbindung von Sonne und Mond verdeutlichen, also die Einigung von Gegensätzen in sich selbst verinnerlichen. Yoga verschafft durch bestimmte Körperübungen Gesundheit und Langlebigkeit. Es verhilft der Wirbelsäule zu Beweglichkeit und Flexibilität. Es beruhigt die Nerven, entspannt die Muskulatur, belebt Organe und Nervenzentren. Durch bewusste und gelenkte Atmung bringt der Sauerstoff Energie in jede

Zelle des Körpers und entschlackt den Organismus, indem Ausscheidungsstoffe abgeführt und Gifte entfernt werden. Die Entspannung erlaubt, das Nervensystem intakt zu halten, den Menschen vor Krankheiten zu bewahren und von Schlaflosigkeit zu befreien. In den Übungen entdecken viele Erwachsene und auch Kinder ihren Körper neu. Allerdings sollte man sich eine(n) gute(n) Trainer(in) suchen und die Übungen nur im Kurs üben. Denn eine Körperübung im Yoga ist ein technischer Ablauf von höchster Präzision. Ein Irrtum oder ein Fehler in einer Einzelheit, mag er noch so unbedeutend erscheinen, kann die Übung eines wichtigen Teils ihrer Wirkungen berauben und unter Umständen das Gegenteil zur Folge haben. Er(Sie) sollte eine Ausbildung beim Verband Deutscher Yogalehrer(innen) absolviert haben.

Qi Gong

Qi Gong heißt übersetzt: Arbeiten mit und an seiner Lebenskraft. Viele Chinesen und chinesische Lexika bezeichnen Qi Gong als Atemübung. Aber im Qi Gong wird das Qi nicht nur als Atem beziehungsweise Luft verstanden, sondern im gleichen Sinne gebraucht wie in der chinesischen Philosophie und Medizin. Dabei handelt es sich um Fähigkeiten, die man sich durch körperliche Übungen und nicht etwa nur durch Intelligenz aneignet. Die Qi Gong - Übungen dienen der Gesundheit und der Entwicklung des Menschen. Für den Laien ist es schwer zu erkennen, ob der Übende nun Qi Gong oder Tai-Chi macht. Die Bewegungsabläufe sehen fast gleich aus, sie unterscheiden sich aber darin, dass Qi Gong - Übungen der Entspannung und Entwicklung des Menschen dienlich sind, dagegen werden die Bewegungen im Tai-Chi zur Selbstverteidigung eingesetzt.

Tai-Chi

Das Tai - Chi ist eine besondere Art des Qi Gong. Ihr Grundsatz ist Leichtigkeit und der stetige Wechsel von Yin und Yang. Yin und Yang, das Weibliche und das Männliche, sind zwei sich ergänzende Gegensätze, die zusammengehören, um ein Ganzes zu bilden. Als Beispiel gilt unser Atemrhythmus: Niemand kann nur einatmen ohne auszuatmen. Für die Übung des Tai-Chi ist der fließende

Übergang von Yin und Yang von größter Bedeutung. Alle Bewegungen lassen diese Struktur erkennen. Jede Bewegung hat ihren Gegenpart, alles geschieht in einem fortwährenden Wechsel, in dem es keine Unterbrechung gibt. Zum Tai - Chi - System gehört eine Gruppe von Übungen. Zunächst lernt man eine Einzelübung, die aus einer Reihe von Einzelbewegungen besteht. Diese Übung führen wir synchron aus, dabei bewegen wir uns in sehr langsamem Tempo durch den ganzen Raum. Die Übung besteht aus Heilgymnastik, Meditation und Kampfkunst und gibt einem das Gefühl von Entspannung, Wohlbefinden, Gelassenheit und Freude.
Die gedanklichen Wurzeln des Tai-Chi entspringen der Philosophie vom Tao. Ein großer Vertreter dieser Weltanschauung war Laotse, er lebte um 600 v. Ch.. Die alten Taoisten haben eine Menge von Techniken entwickelt, unter anderem auch die Ursprünge des Tai-Chi.

Die Fünf Tibeter

Seit Jahrhunderten praktizieren Mönche in Tibet Energie-Übungen, die sie beinahe alterslos wirken lassen. Die Fünf Tibeter beinhalten jenes Geheimnis aus den Hochtälern des Himalaya, das sich als Jungbrunnen durch die Träume der Menschen zieht. Diese Übungen sind für Menschen jedes

Alters einfach zu praktizieren. Täglich 15 Minuten sind vollkommen ausreichend, um sich den Zugang zu den bisher ungenutzten Energien zu verschaffen.

Die fünf Übungen sind aufeinander abgestimmt. Während des Übens wird der ganze Körper aktiviert, der Kreislauf, die endokrinen Drüsen und die Organe werden angeregt und belebt. Die Übungen wirken auch positiv auf die sieben Hauptenergiefelder, die auch Chakren genannt werden. Diese stehen wiederum in direktem Bezug zu den Hormondrüsen des Körpers und regen deren Produktion an. Durch entsprechende Affirmationen, die wir während der einzelnen Übungen entwickeln, lenken wir die Energie oder die Richtung des Lebens. Die Fünf Tibeter Übungen sind die einfachste und schnellste Art, ein jugendliches Lebensgefühl, Gesundheit und Lebensgefühl wiederzugewinnen.

Meditation

Meditation hat sich über tausende von Jahren hin entwikkelt. Das Ziel der Meditation ist es, die eigene Mitte zu finden und aus der Mitte der Persönlichkeit zu handeln. Der meditative Zustand kann nicht erzwungen werden, sondern er muss sich entwickeln. Ganz besonders wichtig für erfolgreiche Meditation ist die Akzeptierung des Prinzips des Gehen-Lassens, der passiven Grundstimmung. Es gibt viele Arten der Meditation, aber alle sind charakterisiert durch die innere Versenkung und den gleichzeitigen Ausschluss von Umweltreizen. Grob lassen sich die Meditationsformen in konzentrative und rezeptive Formen unterscheiden. Die rezeptive Form erlaubt jedem Gedanken und jedem Bild, zu innerer Ruhe zu gelangen. Die am häufigsten praktizierte Form, die konzentrative Meditation, wirkt, indem man sich auf ein Wort, einen Klang oder ein Objekt konzentriert und dadurch in die Versenkung kommt. Ein Ort der Ruhe, eine angenehme Raumtemperatur, eine Körperhaltung, die von sich aus die Muskelentspannung leicht macht und für ca. 20 Minuten bequem gehalten werden kann, sind wichtig für die Akzeptierung des Prinzips des "In - sich - Gehens" und eine erfolgreiche Meditation.

20 Tipps zur schnellen Stressreduktion und Selbstkontrolle

1. Wasser trinken

Wasser ist ein ausgezeichneter Leiter für elektrische Energie. Der Mensch besteht zu 70 % aus Wasser. Alle chemischen und elektrischen Vorgänge des Gehirns sind abhängig vom Leitvermögen. Durch regelmäßiges Wassertrinken kann dieses Leitvermögen enorm gesteigert werden. Stress erschöpft den Körper und entzieht dem Körper Wasser. Auch langes Arbeiten am Computer oder übermäßiges Fernsehschauen wirkt auf den Körper dehydrierend. Wie Regen, der nicht wolkenbruchartig auf die Erde fällt, sollte Wasser getrunken werden. Also immer in kleinen Schlucken und am besten abgestanden. So wird es dann auch vom Körper besser aufgenommen. Alle anderen Flüssigkeiten werden im Körper als Nahrung verarbeitet und decken nicht den Wasserhaushalt. Der Wasserbedarf beträgt bei einem Körpergewicht von 70 kg = 1,66 Liter pro Tag. Das ist leicht zu schaffen, auch für Menschen, die nicht viel trinken. Also: Wasser trinken verbessert die Konzentration, erhöht die Fähigkeit, sich zu bewegen, und trägt enorm zur Stressminderung bei.

2. *Schultern fallen lassen*

Wie reagieren wir, wenn der Stresspegel schneller schlägt? Wir verkrampfen uns, wir atmen nicht mehr richtig, wir denken nicht mehr rational usw. Was können wir in solchen Situationen tun?
Ganz einfach, lassen Sie ihre Schultern fallen, denn die sind in derartigen Situationen meistens den Ohren sehr nah. Daduch verkrampft die Muskulatur, die Blutgefäße werden abgedrückt, die Muskeln bekommen keinen Sauerstoff mehr und produzieren den Müdemacher Nr. 1, die Milchsäure. Also lassen Sie die Schultern fallen und konzentrieren Sie sich darauf. Dadurch lässt sich der Stress schneller abbauen und Sie können wieder reagieren.

3. *Bewusstes Ausatmen*

In Stresssituationen sollten Sie immer an Ihre Ausatmung denken und sich ganz und gar darauf konzentrieren. Denn Ihr Calciumspiegel sinkt gewaltig bei Stress, der pH - Wert steigt an. Durch eine gezielte Konzentration auf Ihre Ausatmung erreichen Sie, dass der Calciumspiegel wieder steigt und der pH - Wert sich wieder normalisiert. In Kombination mit der vorherigen Übung, "Schultern fallen lassen" haben die Stresshormone kaum Chancen, ihre Wirkung zu entfalten.

4. *Thymus-Klopfen*

Die Thymusdrüse ist ein wichtiger Bestandteil des Immunsystems und ist das erste Organ im Körper, das auf Stress sofort reagiert. Sie ist eine Wachstumsdrüse, die im erwachsenen Alter ein wenig verkümmert, schüttet allerdings Hormone aus bis ins hohe Alter. Man aktiviert die Thymusdrüse, indem man 10 bis 15 mal auf den oberen Brustbereich klopft. Dadurch lindert man schnell den Stress, stärkt seine Lebensenergie und aktiviert auch die eigene Körperabwehr bei Infekten. Es lohnt sich, diese Übung in seinen Tagesablauf unterzubringen.

5. *Atementspannung*

Die Einstellung auf Ihre Atmung soll unbewusst ablaufen. Legen Sie die Hände auf den Bauch und spüren Sie, wie der Atem in Ihre Mitte fließt. Mit jeder Ein - und Ausatmung hebt und senkt sich der Bauch. Verfolgen Sie diese ruhige Bewegung als Beobachter. Lassen Sie die Atmung einfach geschehen, ohne nachzuhelfen. Spüren Sie tief in sich hinein, während die Atemluft Sie anfüllt und richten Sie Ihre Aufmerksamkeit bei der Ein - und Ausatmung sanft auf die Nasenspitze.

6. Entspannung für Nacken und Schultern

Der Schulter - und Nackenbereich ist bei fast allen Menschen muskulär verspannt. Diese Übung, die etwa 5 Minuten dauert, sollten Sie jeden Tag machen. Sie fühlen sich danach vitaler und bewegungsfreier. Wichtig bei der Übung ist, dass Sie den Nacken nie gewaltsam bewegen, sondern ganz langsam und vorsichtig. Sonst können weitere Verspannungen entstehen, auch in der Wirbelsäule. So, nun zur Übung: Stellen Sie sich aufrecht hin, die Füße leicht auseinander. Atmen Sie ein und heben Sie dabei die Schultern zu den Ohren. Halten Sie diese Stellung einige Augenblicke, dann atmen Sie aus und senken die Schultern. Dies wiederholen Sie ca. fünfmal.

Drehen Sie nun jeweils die rechte und linke Schulter fünfmal rückwärts und fünfmal vorwärts.

Nun entspannen Sie den Nacken, lassen den Kopf nach vorn sinken, bis das Kinn auf der Brust liegt und langsam wieder zurück, fünfmal bitte. Ziehen Sie die Schulterblätter zurück, bis sie sich fast berühren, halten Sie einige Augenblicke die Stellung und kehren Sie zur Ausgangsstellung zurück. Lassen Sie den Kopf je fünfmal langsam und ohne Druck zur linken und danach zur rechten Schulter sinken. Nun rollen Sie den Kopf ganz langsam. Zunächst lassen Sie ihn nach vorn auf die Brust sinken, dann rollen Sie ihn zur rechten Schulter. Dort halten Sie einige Augenblicke, rollen zurück zur Mitte und dann rollen Sie Ihren Kopf zur linken Schulter, halten dort auch einige Augenblicke und rollen zurück zur Mitte. Bitte wiederholen Sie diesen Schritt auch fünfmal.

7. Hände an - und entspannen

So genannte isometrische Übungen entsorgen Ärger und Stress sofort. Rote Ampeln kann man künftig dazu nutzen, um Stress abzubauen. Als Autofahrer greifen Sie Ihr Lenkrad so fest sie können, halten Sie diese Spannung einige Sekunden und lassen Sie dann wieder locker. Diese Übung kann man als Fahrradfahrer und Fußgänger genauso gut praktizieren. Einen ähnlichen Effekt haben Anti-Stress-Bälle, die Sie drücken und kneifen können, sooft Sie wollen.

8. Ausgewogene Ernährung

Essen Sie viel frisches Obst und Gemüse, Vollkornprodukte, kleine Mengen Fisch und Fleisch, kleine Mengen fettarmer Milchprodukte und Sie steigern dadurch enorm Ihr Wohlbefinden. Lassen Sie beim Arzt öfters Ihre Blutwerte bestimmen und ergänzen Sie fehlende Vitalstoffe mit guten Nahrungsmittelergänzungsstoffen.

9. Entspannung für die Augen

Wenn Sie lange am Computer arbeiten oder konzentriert gelesen haben, sind Ihre Augen überanstrengt. Eine kurze Augenentspannung hilft, um Ihre Augen zu entspannen. Atmen Sie ruhig und gleichmäßig und schließen Sie das linke Auge. Mit dem rechten Auge fixieren Sie einen Gegenstand in Ihrer Nähe, dann wandert der Blick zu einem etwas ferneren Objekt, dann zu einem noch entfernteren, bis Sie schließlich in die Ferne etwa in die Wolken hinauf sehen. Dann wandert der Blick allmählich wieder zum Ausgangspunkt in Ihrer Nähe zurück. Bei jedem Gegenstand verweilen Sie ein paar Sekunden. Nun wechseln Sie, schließen das rechte Auge und sehen mit dem linken nacheinander die verschiedenen Gegenstände an. Zum Schluss schließen Sie beide Augen, reiben sie sanft, öffnen sie und spüren die Entspannung.

10. Dehnübungen bei verspanntem Rücken und Nacken

Diese Übung können Sie überall durchführen, sie ist eine schnelle Hilfe bei Verspannungen. Stellen Sie sich mit dem Rücken an eine Wand. Drücken Sie Ihren Kopf, Ihre Schultern und Ihren Po an die Wand. Atmen Sie tief ein und heben Sie gleichzeitig Ihre Arme bis zur Schulterhöhe, dabei sollten die Handflächen nach vorn gedreht werden. Bleiben Sie einige Sekunden in dieser Position und gehen dann wieder in Ihre Ausgangsposition zurück. Wiederholen Sie die Übung fünfmal. Dann legen Sie sich auf den Boden und die Arme werden parallel neben dem Kopf nach oben gestreckt. Mit der Taille als Angelpunkt strecken Sie nun den rechten Arm und das rechte Bein, so weit es geht, in entgegengesetzte Richtungen. Halten Sie einige Sekunden lang die Stellung und wiederholen Sie das Ganze mit der anderen Seite. Wiederholen Sie die Übung auf beiden Seiten fünfmal. Anschließend rollen Sie sich auf die Seite, ziehen Ihre Knie an und stehen langsam auf.

11. Energie tanken im Alphazustand

Wenn die Gehirnströme sich verlangsamen, befindet Ihr Gehirn sich im Alphazustand. Ihr Körper ist dabei total entspannt, Ihr Geist hellwach. Dieser Zustand erreicht, dass Sie innerhalb 20 Minuten energiegeladen sind und Sie sich so fühlen, als ob Sie 2 Stunden geschlafen haben. Am Anfang muss man trainieren, um in den Alphazustand zu gelangen. Man braucht ca. 10 Minuten. Aber nach ein paar Wochen erreichen Sie diesen Zustand in wenigen Sekunden. Und das geht so: Setzen Sie sich an einem ruhigen Ort entspannt hin, lassen Sie Ihren Atem in Ihren Körper fließen.

Nun werden Ihnen alle möglichen und unmöglichen Gedanken durch den Kopf gehen. Um Ihren Geist zu entspannen, denken Sie sich ein Wort aus, das Sie immer wieder vor sich her murmeln. Konzentrieren Sie sich nur auf dieses eine Wort und wenn Sie Ihren Körper nicht mehr spüren, haben Sie den Alphazustand erreicht. Üben Sie das jeden Tag, so können Sie bald binnen weniger Sekunden wieder über viel Energie verfügen.

12. Muskelentspannung für den ganzen Körper

Bei dieser Übung können Sie sitzen, stehen oder liegen. Wichtig ist, dass Sie vollkommen entspannt und locker sind. Atmen Sie mehrmals tief ein und aus. Dann spannen Sie mit einer langsamen Einatmung Füße, Waden, Oberschenkel, Gesäß, Bauch, Brust, Rücken, Arme und Hände, kurzum Ihre gesamte Muskulatur, an. Halten Sie nun etwa fünf Sekunden lang die Atmung und auch ihre Anspannung. In diesem Zustand sind Sie pure Energie. Dann atmen Sie langsam aus, wobei sich alle Muskeln Ihres Körpers wieder entspannen. Wiederholen Sie diese Übung mehrfach.

13. Visualisierungsübung

Visualisieren heißt nichts anderes als vorstellen. Wenn Sie abgespannt, traurig und voller negativer Energie sind, dann machen Sie eine Visualisierungsübung. Dadurch wird Ihr Immunsystem gestärkt, Ängste vertrieben, Ihr Selbstbewusstsein gestärkt, positive Energie zurückgewonnen, Stress abgebaut und sogar Ihr Hormonhaushalt wird reguliert. Die Vorstellungskraft muss allerdings trainiert werden. Suchen Sie sich einen ruhigen Platz, schalten Sie alle Störquellen aus, schließen Sie Ihre Augen und atmen Sie langsam und ganz ruhig ein und aus. Suchen Sie sich ein positives Bild aus Ihrer Erinnerung und halten Sie sich dieses Bild vor Augen. Arbeiten Sie mit allen Sinnen, also fühlen Sie, schmecken Sie, riechen Sie, spüren Sie und hören Sie in Ihr Bild. Sie können sich auch auf einen Gegenstand konzentrieren und so das Visualisieren üben. Am Anfang reichen für Ihre Übung ca. 30 Minuten am Tag, dann sehen Sie bald die Bilder, die Sie erzeugen, ganz klar und fühlen dabei auch ganz deutlich, wie Sie Ihren Körper beeinflussen können. Später reicht es, wenn Sie ein - bis zweimal in der Woche trainieren.

Sie können auch durch diese Technik Ihr Unterbewusstsein erreichen und sich alle Ihre Wünsche erfüllen. Machen Sie aus Ihren Wünschen positive Bilder und machen Sie diese Bilder mit Ihren Sinnen lebendig. Dann ist Ihr Unterbewusstsein bestrebt, Ihnen diese Wünsche auch zu erfüllen. Sehen Sie sich in Ihrer Vorstellung als glücklicher, gesunder und ausgeglichener Mensch und glauben Sie fest daran. Nach wenigen Tagen werden Sie eine positive Veränderung merken. Probieren Sie es aus, es lohnt sich.

14. Farbentspannung

Farbtherapeuten sind davon überzeugt, dass Farben eine starke Wirkung, sogar eine Heilwirkung auf uns haben. Sie können beruhigen und auch anregen. Insbesondere im Winter, wenn die Tage sehr kurz sind und die Sonne sich kaum sehen lässt, können Farben uns beflügeln, zu guter Laune verhelfen und das zentrale Nervensystem entspannen. Die Farbe Gelb regt zum Beispiel geistig an, reinigt, hilft bei Trägheit und fördert Zufriedenheit. Ist man deprimiert oder völlig gestresst, sollte man sich in Rot kleiden, denn Rot steht für Energie und Leidenschaft. Die Farbe Grün bringt Frieden, Harmonie und Ausgeglichenheit mit sich. Möchte man die Ruhe und Gelassenheit in sich fördern, sollte man sich mit der Farbe Blau umgeben. Gestalten Sie Ihre Wohnung mit Farben, die eine beruhigende oder anregende Atmosphäre schaffen. Mittlerweile gibt es farbige Badezusätze oder Farben für Ihr Blumenwasser. Nutzen Sie diese Präparate, um sich farblich zu stimulieren und Ihren Stress zu vertreiben.

15. Mit dem Fuß stampfen

Um sich vom geistig - seelischen Stress zu befreien, ist das Aufstampfen mit den Füßen eine gute Möglichkeit. Gehen Sie einfach durch den Raum und stampfen Sie dabei kräftig mit einem oder beiden Füßen auf den Boden. Stampfen Sie Ihren Stress und Ihre Wut ein. Diese Übung belebt die Atmung und den Kreislauf und gibt ein allgemeines Gefühl von Vitalität und Kraft. Auch nach langer sitzender, konzentrierter Tätigkeit verschafft die Übung wieder festen Boden unter den Füßen. Benutzen Sie diese einfache, aber sehr wirksame Übung der Stressreduktion jeden Tag mit einem Lächeln und nichts haut Sie mehr um.

16. Psychische Spannungen abbauen

Legen Sie beide Zeigefinger über Kreuz zwischen Nasenwurzel und Augenbraue, dabei üben Sie leichten Druck aus. Verweilen Sie kurz und wandern dann mit Ihren Fingerspitzen über die Augenbrauen bis hin zu den Schläfen. Zum Abschluss reiben Sie sich heiße Hände und bedecken dann mit Ihren zur Muschel geformten Handflächen die Augen.

17. Musikentspannung

Musik kann beim Menschen ähnliche Empfindungen auslösen wie beim Lieblingsessen. Das zeigt eine Studie amerikanischer Wissenschaftler vom Massachusetts General Hospital in Charlestown. Untersuchungen mit dem Positronen - Emissionstomographen (PET) haben gezeigt, dass Musik Bereiche im Gehirn aktiviert, die Glücksgefühle auslösen. Ähnliche Reaktionen im Gehirn sind bei früheren Studien zum Beispiel beim Verzehr von Schokolade festgestellt worden. Außerdem wird das Gehirn besser durchblutet. Fazit der Forscher: Es ist offensichtlich, dass die jeweilige Lieblingsmusik das körperliche und seelische Wohlbefinden verbessert.

18. Laufen weckt Wohlbefinden

Laufen Sie täglich 30 Minuten ohne Atemnot Ihrem Stress weg und Sie werden dafür reichlich belohnt. Dadurch werden Ihre Bein - und Gesäßmuskeln gestärkt, Ihre Rumpfmuskulatur aufgebaut, das wirkt sich wiederum stabilisierend auf die Wirbelsäule aus und dadurch kann Rückenbeschwerden entgegengewirkt werden. Ihre Knochenstabilität wird insgesamt erhöht, denn die Ausdauerbewegung hält den Auf - und Abbau der Knochen im Gleichgewicht. Damit kann dem Knochenmassenverlust vor allem bei Frauen nach den Wechseljahren wirksam vorgebeugt werden. Die Muskulatur arbeitet mit ausgeglichener Bilanz zwischen Aufnahme und Verbrauch von Sauerstoff. Beginnt die Muskelarbeit, so wird der Stoffwechsel angekurbelt und eine größere Sauerstoffmenge wird benötigt, was durch die Zunahme des Blutflusses erreicht wird. Das Herz muss schneller schlagen. Die Herzmuskulatur wird besser durchblutet und deren Kontraktionsfähigkeit gesteigert. Dadurch werden die Blutgefäße erweitert und damit Arteriosklerose vorgebeugt. Bluthochdruck wird verhindert oder sogar bestehender gesenkt. Die Stoffwechselvorgänge im Körper werden günstig beeinflusst. Dadurch wird der Cholesterinspiegel gesenkt und eine höhere Fettverbrennung angekurbelt. Schließlich stärkt regelmäßiges Joggen auch das Immunsystem. Zu guter Letzt werden Wohlbefinden und Selbstwertgefühl enorm gesteigert, Ängsten und Depressionen entgegengewirkt und Stress abgebaut. Versuchen Sie es, fangen Sie langsam an und steigern allmählich Ihre Laufleistung, aber kommen Sie dabei nicht aus der Puste. Die ideale Geschwindigkeit ist bei sieben bis neun Stundenkilometer erreicht. Die optimale Herzfrequenz beim Training liegt bei etwa 180 Schlägen pro Minute minus Lebensalter. Na los, wecken Sie Ihr Wohlbefinden mit Laufen!

19. Druckpunktmassage der Füße

Wenn wir unter Stress stehen, atmen wir nur oberflächig, dadurch kann die ganze Anspannung nicht ausgeatmet werden. Das führt zu Unwohlsein und verkrampftem Magen. Deshalb drücken wir auf den Druckpunkt der Fußreflexzonen im Bereich des Solarplexus. Das ist in der Mitte des Fußes direkt unterhalb des Fußballens. Man kann die natürliche Vertiefung mit dem Finger ertasten. Setzen Sie sich bequem hin und suchen Sie die Stelle unter Ihren beiden

Füßen. Legen Sie die Finger auf den Punkt, atmen Sie nun langsam und tief in den Bauch hinein. Während Sie einatmen, drücken Sie Ihren Punkt, halten ihn und zählen langsam bis fünf. Halten Sie den Punkt weiter und atmen Sie langsam aus. Dabei lösen Sie Ihre Finger von dem Punkt und zählen wieder bis fünf. Wiederholen Sie die Übung mehrmals und Sie werden merklich ruhiger. Diese Übung können Sie auch bei Ihrem Partner oder bei Ihren Kindern machen. Der Solarplexus ist ein äußerst empfindlicher Teil des Körpers, er findet sich einen Fingerbreit über dem Nabel, dort sammeln sich die ganzen Nervenstränge unseres Körpers zu einem Geflecht und gehen dann sonnenstrahlenförmig in den ganzen Körper.

20. Lachen

Lachen ist gesund und wie! Wenn es Ihnen schlecht geht, dann ziehen Sie mindestens eine Minute Ihre Mundwinkel zum Lächeln hoch. Dadurch registriert das Gehirn: „Mir geht es aber gut." Ich garantiere, dadurch geht es Ihnen mindestens 30 Prozent besser. Sofort werden durch dieses Lächeln Glückshormone ausgeschüttet, das Immunsystem wird angekurbelt und die Produktion von Stresshormonen behindert. Auch wenn Ihr Lächeln eine Grimasse ist, werden Sie von Glückshormonen umspült. Also lachen Sie Ihre Stresshormone aus, mindestens jeden Tag einmal.

Tipps zur schnellen Stressreduktion mit Kindern im Alter von 0 bis 3 Jahren

Massagetechiken

Körperkontakt und Zuwendung für eine normale Entwicklung und zur Festigung der psychischen Stabilität ist gerade im Babyalter und Kleinkindalter wichtig. Alle Kleinkinder sehnen sich nach tiefer, emotionaler Zuwendung ihrer Eltern und nach liebevoller Berührung. Die Berührung bzw. die Massage unterstützt ein Baby bzw. Kleinkind in all seinen Entwicklungsabschnitten und festigt das Urvertrauen. Ganz wichtig ist, dass wir zu Beginn einer Massage fragen, ob wir auch massieren dürfen?

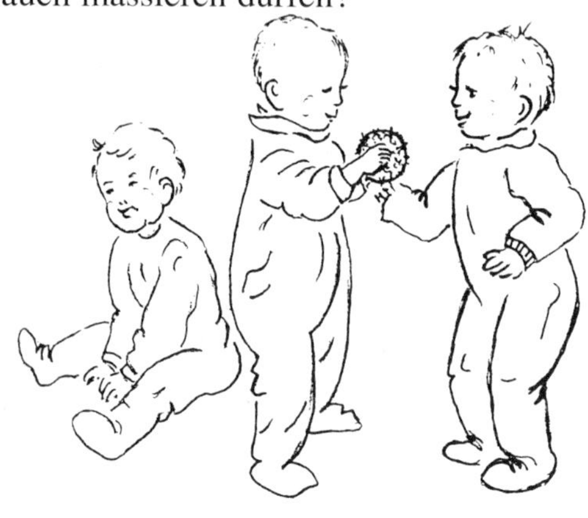

„Gänschen kommt in den Backofen"

Mit traurigen Kindern, die schnell wieder lachen sollen, spielen wir "Gänschen kommt in den Backofen".
Also, wir nehmen das Kind auf den Schoß und fragen es: "Willst du mein Gänschen sein?" Okay, dann rupfen wir mal die Federchen, indem wir den ganzen Körper des Kindes leicht betupfen. Wetten, dann lächelt Ihr Kind schon wieder ein bisschen. Dem aber noch nicht genug. Anschließend wird unser Gänschen am ganzen Körper gewaschen, wir gehen mit der flachen Hand über den ganzen Körper. Nach dem Waschen wird das Gänschen trockengetupft. Tupfend gehen wir dabei über den Körper. Nun wird unser Gänschen gesalzen und gepfeffert. Danach kommt es sofort in den Backofen. Dabei bringen wir unser Gänschen (Kind) in die Liegestellung und rüttelnd kommentieren wir dabei, eine Stunde, zwei Stunden, drei Stunden usw. Schnuppernd widmen wir uns dem Gänschen und schauen, ob es nun gar ist. Wenn nicht, muss es noch einmal in den Backofen. Aber wenn das Gänschen gar ist, dann probieren wir schmatzend, wir rupfen uns ein Stück vom Flügelchen (Arm) ab, dann ein Stück vom Schenkelchen (Oberschenkel) usw.
Das Kind wird gar nicht genug bekommen können.

Samstag ist Badetag

Ihr Kind ist unruhig, was halten Sie von einer Fußmassage? Man nehme eine Schüssel mit warmem Wasser, dieses Wasser kann man mit Blütenblättern, ätherischen Ölen oder bunt sprudelnden Badewasserfarben schmücken und los geht's. Das Kind zieht sich bestimmt gerne die Socken aus, wenn Sie ihm anbieten, die Füße zu waschen. Man kann daraus eine immerwiederkehrende Zeremonie machen. Dabei helfen kleine Seifen, bei mehreren Kindern das gegenseitige Füßewaschen, oder eine besondere Geschichte dazu, z. B. von dem armen Diener, der seiner Herrin immer die Füße waschen mußte, sich aber sehnlichst wünschte, dass ihm auch mal jemand die Füße wäscht.
Eine schöne Sache, übrigens nicht nur samstags!

Autos auf der Rückenstraße

In fast allen Kinderzimmern, ob bei Mädchen oder Jungen, findet sich Spielzeug mit Rollen. Meistens handelt es sich um kleine Spielzeugautos, aber auch alle anderen handgerechten Dinge mit Rollen sind erlaubt. Mit diesen Utensilien spielen oder massieren wir den Rücken, entweder beim Kind, die Kinder untereinander oder die Kinder massieren die "Großen". Ein Riesenspaß für alle Beteiligten.

Wichtig dabei ist, dass man nicht auf der Wirbelsäule fährt oder massiert. Ansonsten ist schnelles Fahren, langsames Fahren, Überholen von Fahrzeugen und Parken unbedingt erlaubt.

Das Tor steht auf

Wenn das Tor aufsteht, dann zieht es meistens, deshalb schließen wir es schnell, und zwar so: „ Das Tor des Windes ist der 7. Halswirbel." "Diese empfindliche Gegend fühlt sich zu Beginn einer Krankheit oder bei Stress deutlich kühler an." "Deshalb massieren wir diesen Bereich im Nakken spiralförmig." Ob Sie nun linksherum oder rechtsherum massieren ist egal, fragen Sie Ihr Kind. Mit einem Tropfen Babyöl und entspannender Musik steigern Sie enorm das Wohlbefinden des Kindes. Eine dreiminütige Massage ist ausreichend. Auch ältere Kinder und Erwachsene finden diese Massage schön.

Musikentspannung

Ist Ihr Kind unruhig, sind Sie es meist auch, deshalb sollten Sie gemeinsam mit Musik entspannen. Mit ein paar Kissen und Decken, einer Kerze oder einem Duftlämpchen hat man schnell eine angenehme Atmosphäre geschaffen, um zu entspannen. Kinder bevorzugen eine Musik, die vom Klang her harmonisiert. Grundsätzlich sollte man eine Musik wählen, die so komponiert ist, dass sie 60 Taktschläge hat. Lassen Sie sich gemeinsam berieseln.

Stressreduktion für Kinder Kinder im Alter von 4 bis 10 Jahren

Stressverarbeitung über die Bewegung

Alle Bewegungsspiele und -übungen mobilisieren den Kreislauf, lockern verspannte Muskelgruppen und bauen verbale sowie motorische Unruhe ab. Darüber hinaus macht es den Kindern viel Spaß.

Kissenschlacht

Mit einer zünftigen Kissenschlacht liegen Sie bei Kindern immer richtig. Aber mit einer kommentierten Kissenschlacht bringen Sie auch noch Ordnung rein. Also, sobald das Wort Kissenschlacht fällt, gibt es eine Kissenschlacht. Aber bei Schluss ist Schluss.

Ein Beispiel:

„Nun mal los!", die Oma schimpft mit ihren sieben Enkelkindern: „Jetzt ist aber Schluss! So ein Durcheinander! Schaut mal mein schönes Sofa an, kein einziges Kissen ist mehr auf meinem Sofa. Alle Kissen liegen irgendwo in meiner Stube herum. Ihr habt ja einen richtigen Budenzauber mit eurer Kissenschlacht (Kissenschlacht) veranstaltet. Auch ihr kleinen dahinten: Schluss jetzt, Schluss jetzt!" (Schluss jetzt)
"Aber Oma, es hat doch so viel Spaß gemacht." „Na wartet", sagt Oma: "Wenn der Opa kommt, muss Schluss sein mit der Kissenschlacht (Kissenschlacht), sonst..."
Und weiter geht es: „Ihr Kleinen seid ja heute besonders wild, hört ihr mir denn nicht zu? Jetzt muss Schluss sein. (Schluss jetzt) Immer diese Kissenschlachten (Kissenschlacht). Jetzt ist Schluss." (Schluss jetzt) Da geht die Tür auf und der Opa kommt herein. „Was ist denn hier los?" sagt er. „Aber schnell alles aufräumen, ihr sieben, sonst... und keine Kissenschlachten (Kissenschlachten) mehr. Nein, so geht das nicht! Jetzt muss Schluss sein. (Schluss jetzt) So, meine Enkelkinder, jetzt wird aufgeräumt und dann alle brav aufs Sofa! So ist es gut", sagt Opa, „da hinten liegt auch noch ein Kissen." Opa hebt das letzte Kissen auf und wirft es genau auf den Kopf seines Enkelkindes.Schon fängt die wüste Kissenschlacht (Kissenschlacht) von vorne an.

Opa, der Schlimmste von allen, schreit aber nach einer Zeit,: „So, nun ist aber wirklich Schluss!“ (Schluss jetzt) Weitere Geschichten dazu im Buch „Spiele und Geschichten mit dem Regenstab” von Marianne Markert und Gerda Arldt erschienen im Insel-Welt Verlag.

Schneckenlaufen

Spätenstens nach einer solchen wüsten Kissenschlacht sind die Kinder froh, am Boden zu sein, zu kriechen, schön langsam und still wie eine Schnecke. Da die Schnecke ein Häuschen hat, sollten alle Kinder sich ihr Kissen nun auch auf den Rücken legen, um sich wie eine echte Schnecke zu fühlen. Dabei sollten Sie aufpassen, dass das Kissen nicht herunterfällt. Wenn Sie dieses Schneckenlaufen kommentieren, kann es bis zu 10 Minuten dauern.

Ich bin topfit

Bei dieser Bewegungsübung sprechen alle im Chor: „Ich bin topfit.” Bei dem Wort „Ich” berührt man mit beiden Händen den Fußboden, bei dem Wort „bin” klatscht man mit beiden Händen auf die Oberschenkel, bei dem Wort „Top” klopft man mit beiden Händen auf die Brust und bei dem Wort „Fit" streckt man beide Hände nach oben in die Luft. Diese Übung sollte man dreimal wiederholen.

Stampfen

Stress baut man auch ab, indem man kräftig auf den Boden stampft. Mit einem Vers ist die Stressreduktion doppelt so gut. Zum Beispiel: „Ein kleiner Mann ist ganz allein, er stampft ganz laut vor Wut und Pein, gemein, gemein, gemein!" Achtung, bitte keine Löcher in den Boden stampfen.

HA - Atmung

Wir stellen uns hin, unsere Beine stehen schulterbreit auseinander. Unser Oberkörper hängt runter. Während wir langsam einatmend hochkommen und dabei die Arme in die Luft strecken, atmen wir mit lautem "HA" aus und lassen unseren Oberkörper wieder nach unten hängen. Diese tolle Atemübung wiederholen wir dreimal.

Indianertanz

Wir stehen im Kreis und bewegen uns indianermäßig alle rechtsherum. Dabei singen wir in einem hellen Ton und langgezogen „Wiha, Heha, Wiha, Heha“ usw. , dann wechseln wir die Richtung und singen im dunklen Ton „Wiha, Heha, Wiha, Heha“ usw. Anschließend bleiben wir stehen und stampfen mit dem rechten Fuß in die Kreismitte, heben dabei die Arme hoch in die Luft und rufen laut: „ Hokeleihu.“ Das ganze beliebig oft wiederholen.

Stilleübungen

Stilleübungen kann jeder durchführen und der Phantasie dazu sind keine Grenzen gesetzt. Stilleübungen sollten vor jeder eigentlichen Entspannungsübung eingesetzt werden, damit man sich schon innerlich auf die Entspannungsarbeit einstellen kann. Aber auch, um zwischendurch mal zur Ruhe zu kommen, bieten sich Stilleübungen immer an. Während alle Beteiligten ganz still sind, versuchen wir, das Erlebte mit allen Sinnen zu erfahren. Stilleübungen sind ein schöner Rückzug aus dem Alltag. Nun zwei Beispiele:

„Kerzenlicht"

Die Kinder sitzen im Kreis, in der Mitte steht eine brennende Kerze. Nun wird ein Kind bestimmt, welches die Kerze vorsichtig nimmt und im Kreis rundgehen lässt. Das letzte Kind stellt die Kerze wieder vorsichtig in die Mitte. Bei dieser Übung wird nicht gesprochen.

"Spaziergang der Stille"

Bei einem gemeinsamen Spaziergang werden Gegenstände gesucht, die an Ruhe und Stille erinnern, z. B. Tannenzapfen, Kastanien, Blüten, Äste etc. Zu Hause legt man die gefundenen Gegenstände in eine Mitte, oder man stellt mit den gefundenen Sachen ein Mandala her.
Mit den Materialien kann man auch einen Weg kreieren, der zu einer Mitte führt. Immer wenn dieser Weg benutzt wird, ist man ganz leise und still.

Massagen

Massagen verbinden. Wenn Kinder sich gegenseitig massieren, ist es eine Möglichkeit, friedlichen Körperkontakt zu praktizieren. Gleichzeitig kann man die Aufmerksamkeit erhöhen sowie auch leichte Verspannungen lösen. Wichtig bei gegenseitigen Massagen ist die grundsätzliche Freiwilligkeit. Wer in der Gruppe nicht massiert werden möchte, legt oder setzt sich ruhig hin. Die Massagegriffe sind leicht, klopfend, knetend und streichend von den Schultern bis zum Becken. Vorsicht! Bitte nicht auf der Wirbelsäule arbeiten!

Luftballonmassage

Die Luftballonmassage macht Riesenspaß. Mit einem Trichter füllt man Luftballons mit Sand und knotet sie fest zu. Wenn man möchte, kann man den Luftballons noch schöne Gesichter malen und schon kann es losgehen. Entweder eignen sich die „Massageköpfe" für die Selbstmassage oder zur Rückenmassage eines anderen.

Orangenmassage

Eine Kreismitte wird mit einer brennenden Kerze geschmückt. Um die Kerze herum wird für jedes Kinderpaar eine Orange gelegt. Nun wird gegenseitig mit der Orange auf dem Rücken massiert. Dabei kann eine schöne Geschichte erzählt werden (z.B. vom Land, wo die Orangen wachsen). Anschließend werden die Orangen gemeinsam gegessen.

Fußmassagen

Fußmassagen machen am meisten Spaß, wenn man die eigenen Füße benutzt. Man muss dazu nicht unbedingt die Strümpfe ausziehen, allerdings die Schuhe schon. Man massiert die einzelnen Zehen, dann die Fußoberseite und - unterseite. Lustig wird es, wenn man dazu einen Reim aufsagt. Zum Beispiel: „Das ist der große Zeh, der braucht viel Platz, juchhe, das ist der zweite, der steht an seiner Seite, das ist der dritte, der steht in der Mitte, wer ist das denn hier, das ist die Nummer vier und der kleine ist gar nicht alleine."

Stressreduktion für Kinder im Alter von 11 bis 17 Jahren

Es ist nicht so einfach, Jugendlichen Übungen zur Entspannung anzubieten, es sei denn, sie sind an solche Übungen schon gewöhnt. Gute Erfahrungen habe ich in der einfachen Muskelentspannung gemacht. Diese Übungen können im Sitzen praktiziert werden und werden dadurch angenehm empfunden. Auch Phantasiereisen werden gerne erlebt. In der Gruppe, z. B. in der Schulklasse, legt man dazu einfach den Kopf auf den Tisch. Wichtig bei den Übungen für Jugendliche ist, dass sie ohne viel Aufhebens in ihren Tagesablauf eingebracht werden. Die Freiwilligkeit, die Übungen mitzumachen, spielt eine große Rolle.

Muskelentspannung

Die Muskelentspannung besteht aus einem gezielten Anspannen bestimmter Muskelgruppen, so etwa 5 Sekunden und einem Lockern dieser Muskelgruppe, so etwa 30 Sekunden. Aufgrund dieser Methode werden sehr rasch Entspannungswirkungen erlebt. Im Sitzen wird nun mit der dominanten Körperseite die Hand, Unterarm und Oberarm angewinkelt und angespannt (5 Sekunden) und danach entspannt (30 Sekunden). Anschließend spannt und entspannt man die andere Körperseite. Jede Körperseite trainiert man 3 - mal. Die Gesichtsentspannung folgt, indem man die Stirn runzelt, wiederum während der Anspannung 5 Sekunden, während der Entspannung ca. 30 Sekunden und 3 - mal. Die Schulterpartie wird entspannt, indem man die Schulterblätter zusammenzieht in der Anspannung und löst in der Entspannung, auch wiederum 3 - mal. Die Bauchmuskulatur wird 3 - mal angespannt und wieder entspannt. Zum Schluss spannen wir den Oberschenkel, Unterschenkel und den Fuß der rechten Seite und danach auf der linken Seite an. Dabei wird das Bein ausgestreckt, leicht hochgehoben und der Fuß nach innen gedreht. Gute Erfahrungen habe ich gemacht, wenn man diese Übung laut kommentiert. Halten Sie bitte genau die Anspannungszeit von 5 Sekunden und Entspannungszeit von 30 Sekunden ein. Am Ende der Übung streckt man gemeinsam Arme und Beine aus, atmet tief ein und aus und ist wieder im Hier und Jetzt.

Phantasiereisen

Phantasiereisen dienen zur Regeneration, zur Verarbeitung von Gedanken und Gefühlen. Sie bauen Stress und Anspannung ab. Es genügen schon 10 Minuten, um anschließend wieder entspannt und frisch zu sein. Die Übung kann im Sitzen oder auch im Liegen erfolgen. Eine leise und geeignete Begleitmusik kann von großem Vorteil sein. Dadurch bedingt können sich die Jugendlichen schneller auf die Übung einlassen. Erklären Sie den Jugendlichen den genauen Ablauf ihrer Phantasiereise, wovon sie handelt, warum Sie eine Phantasiereise vorlesen und wie lange es dauert. Das vermeidet Störungen zwischendurch. Sorgen Sie dafür, dass die Jugendlichen selbst entscheiden können, ob sie mitmachen oder nicht. Die Einleitung sollte immer mit der Vorstellung eines Ruhebildes verbunden sein. (Stell dir einen Ort oder ein Bild der Ruhe vor) Wenn die Augen geschlossen sind, kann man sich besser auf die Reise einlassen. Der entspannende Text, also die eigentliche Phantasiegeschichte kann man sich gut selbst ausdenken, vielleicht leiten Sie von einem erlebten, entspannten Erlebnis ab. Schildern Sie einen Urlaubstag am Meer, das Erleben der eigenen Atmung oder einen schönen Waldspaziergang, lassen Sie Ihre Jugendlichen mit allen Sinnen erleben. Man muss kein Autor sein, um eine Phantasiegeschichte zu erfinden. Zu beachten ist, dass man die Geschichte immer in der „DU" - Form, langsam und mit sinnvollen Pausen erzählt. Den Abschluss bildet das Wiederkommen, also das "positive Sichlösen" von der Phantasie in die Realität. Beendet wird die Übung mit Recken, Strecken, Dehnen und tiefem Durchatmen.

Beispiel für eine kurze Phantasiereise:

„Stranderlebnis"

Ich bin ganz ruhig...Ich bin ganz ruhig...

Ich genieße eine tiefe Ruhe in mir...

Ich fühle meinen Körper und meine tiefen Atemzüge...

Stell dir vor, du bist am Strand..., du spürst die Sonne auf deinem Körper...

Der Wind weht dir durch deine Haare... über deine Stirn... und über deine Haut...

Pause ca. 30 Sekunden

Du siehst ein Boot, das auf dem Meer treibt...

Du hörst das Geschrei der Möwen...

Du hörst das Rauschen der Wellen...
Pause ca. 30 Sekunden
Du legst dich in den Sand...
Du spürst den Sand an deinem Körper...
Du hörst die Wellen... auf und ab... auf und ab...
Du bist nun ganz ruhig und hast viel neue Energie in dir...
Pause
Nun langsam verabschiedest du dich vom Strand, atmest noch einmal tief ein und aus und kommst ganz langsam wieder ins Hier und Jetzt zurück. Ich zähle nun rückwärts von 5 bis 1, dann reckst und streckst du dich ausgiebig und atmest tief ein und aus. Schon bist du wieder hier und fühlst dich frisch und munter.

Seminare, Workshops, Bücher

Haben Sie Interesse an unseren Seminaren, Workshops oder an weiteren Büchern von uns? Dann lassen Sie sich ein unverbindliches Angebot machen.

Insel - Welt Seminare und Verlag

Gerda Arldt Hübenkamp 8

27386 Hemsbünde

Telefon: 04261-63550
Telefax: 04261-64392

E-Mail Arldt@t-online.de

oder www.insel-welt.de

Mit Zippel und Zappel um die halbe Welt

von Gerda Arldt

Phantasiereisen für Kinder ab 5 Jahre bis ca. 11 Jahre. Wunderschöne, spannende und auch entspannende Geschichten bringen Kinder in die Welt der Phantasie. Die Autorin erarbeitete sich die Geschichten, teilweise sogar mit den Kindern, in ihren Entspannugskursen. Dieses Buch eignet sich hervorragend für kleine Ruhepausen in der Grundschule und auch im Kindergarten.

Für Kinder ab 5 Jahre. *(ab Juli 2002 erhältlich)*

Euro 9,00 ISBN 3-933-120-24-1

Im Land der tausend Steine

Von Gerda Arldt und Marianne Markert

Ein wunderschönes Fachbuch aus der Reihe "Stillearbeit mit Kindern". Spielideen mit Steinen, werden mit Entspannungs steingeschichten geschmückt. Ein Muß für Eltern, Erzieher/innen und Lehrer/innen.

Euro 7,50 ISBN 3-933120-13-6

Spiele und Geschichten mit dem Regenstab

Von Marianne Markert und Gerda Arldt

Aus der Reihe "Stillearbeit mit Kindern"

Ein Arbeitsbuch mit tollen Spielen und Geschichten mit dem Regenstab für Regenstabbesitzer/innen, Erzieher/innen und Lehrer/innen.

Euro 7,50 ISBN 3-933120-12-8